# الفصل الثالث

## حوادث مصر من عام 1162 حتى عام 1173هـ

### ثم دخلت سنة 1162هـ[1]

في غرة المحرم[2] ووصل حضرة الجناب الافخم احمد باشا المعروف بكور وزير وسبب تلقبه بذلك انه كان بعينه بعض حول فطلع الى ثغر سكندرية ووصلت السعاة ببشائر قدومه فنزلت اليه الملاقاة وارباب العكاكيز واصحاب الخدم مثل كتخدا الجاويشية وأغات المتفرقة والترجمان وكاتب الحوالة وغيرهم وكان الكاشف بالبحيرة اذ ذاك حسن أغا كتخدا بك تابع عمر بك وتوفي هناك فأرسل عمر بك لكتخداه حسن أغا المذكور عوضا عن مخدومه المتوفى حتى تتم السنة وخرج عمر بك من مصر واستمر المذكور بالبحيرة الى ان احضر احمد باشا المذكور الى اسكندرية فحضر اليه وتقيد بخدمته وجمع الخيول لركوب أغواته واتباعه والجمال لحمل اثقاله وقدم له تقادم وعمل له السماط بالمعدية حكم المعتاد وعرفه بحاله ووفاة استاذه وخروج سيدهم من مصر فخلع عليه الباشا صنجقية استاذه واعطاه بلاده من غير حلوان وذلك قبل وصول الملاقاة

---

[1] يوافق 26 يناير 1749م

[2] تعادل عام 1749م

ووصل خبر ذلك الى مصر فارسل المتكلمون الى كتخدا الجاويشية يقولون له ان المذكور رجل ضعيف ولا يليق بالصنجقية فقالوا للباشا ذلك فاغتاظ فسكتوا ووصل الى رشيد واجتمع هناك براغب باشا وسافر في المركب التي حضر فيها احمد باشا وحضر الى مصر وطلع بالموكب المعتاد الى القلعة وضربوا له المدافع والشنك من ابراج الينكجرية وعمل الديوان وخلع الخلع على الامراء والاعيان والمشايخ وخلصت رياسة مصؤ وأمارتها الى ابراهيم جاويش ورضوان كتخدا وقلد ابراهيم جاويش مملوكه علي أغا وهو الذي عرف بالغزاوي صنجقيا وكذلك حسين أغا وهو الذي عرف بكشكش وكذلك قلد رضوان كتخدا احمد أغا خازنداره صنجقيا فصار لكل واحد منهما ثلاثة صناجق وهم عثمان وعلي وحسين الابراهيمية واسمعيل واحمد ومحمد الرضوانية ثم ان ابراهيم جاويش عمل كتخدا الوقت ثلاثة اشهر وانفصل عنها وحضر عبد الرحمن كتخدا القازدغلي من الحجاز وعمل كتخدا الوقت بباب مستحفظان سنتين وشرع في عمل الخيرات وبناء المساجد وأبطل الخمامير

في ثاني عشر ربيع الثاني[1] مات الاستاذ شيخ الطريقة والحقيقة قدرة السالكين ومربي المريدين الامام المسلك السيد مصطفى بن كمال الدين المذكور في منظومة النسبة لسيدي عبد الغني النابلسي كما ذكره السيد الصديقي في شرحه الكبير على ورده السحري البكري الصديقي الخلوتي نشأ ببيت المقدس على اكرم الاخلاق واكملها رباه شيخه الشيخ عبد اللطيف الحلبي وغذاه بلبان اهل المعرفة والتحقيق ففاق ذلك الفرع الاصل وظهرت به في افق الوجود شمس الفضل فبرع فهما وعلما وابدع نثرا ونظما ورحل الى جل الاقطار لبلوغ اجل الاوطار كما دأب على ذلك السلف لما فيه من اكتساب المعالي والشرف ولما ارتحل الى اسلامبول لبس فيها ثياب الخمول ومكث فيها سنة لم يؤذن له بارتحال ولم يدر كيف الحال فلما كان آخر السنة قام ليلة فصلى على عادته من التهجد ثم جلس لقراءة الورد السحري فاحب ان تكون روحانية النبي صلى الله عليه وسلم في ذلك المجلس ثم روحانية خلفائه الاربعة والائمة الاربعة والاقطاب الاربعة والملائكة الاربعة فبينما هو في اثنائه اذ دخل عليه رجل فشمر عن اذياله كأنه يتخطى اناسا في المجلس حتى انتهى الى موضع فجلس فيه ثم

---

[1] الموافق 10 يونيو 1749م

لما ختم الورد قام ذلك الرجل فسلم عليه ثم قال ماذا صنعت يا مصطفى فقال له ما صنعت شيئا فقال له الم ترني اتخطى الناس قال بلى انما وقع لي اني احببت ان تكون روحانية من ذكرناهم حاضرة فقال له لم يتخلف احد ممن اردت حضوره وما اتيتك الا بدعوة والآن أذن لك في الرحيل وحصل الفتح والمدد والرجل المذكور هو الولي الصوفي السيد محمد التافلاتي ومتى عبر السيد في كتبه بالوالد فهو السيد محمد المذكور وقد منحه علوما جمة ورحل ايضا الى جبل لبنان والى البصرة وبغداد وما والاهما وحج مرات وتآليفه تقارب المائتين واحزابه واوراده اكثر من ستين واجلها ورده السحري اذ هو باب الفتح وله عليه ثلاثة شروح اكبرها في مجلدين وقد شاد اركان هذه الطريقة واقام رسومها وابدى فرائدها واظهر فوائدها ومنحه الله من خزائن الغيب ما لا يدخل تحت حصر قال الشيخ الحنفى انه جمع مناقب نفسه فمؤلف نحو اربعين كراسا تسويدا فى الكامل ولم يتم وقد راى النبى صلى الله عليه وسلم فى النوم وقال له من اين لك هذا المدد فقال منك يارسول الله فأشار ان نعم ولقى الخضر عليه السلام ثلاث مرات وعرضت عليه قطبانية المشرق فلم يرضها وكان اكرم من السيل وامضى فى السر من السيف واوتى مفاتيح

العلوم كلها حتى اذعن له اولياء عصره ومحققوه فى مشارق الارض ومغاربها واخذ على على رؤساء الجن العهود و عم مدده سائر الورود ومناقبه تجل عن التعداد وفيما اشرنا اليه كفاية لمن اراد واخذ عنه طريق السادة الخلوتية الاستاذ الحفني وارتحل لزيارته والاخذ عنه الى الديار الشامية كما سيأتي ذلك في ترجمته وحج سنة احدى وستين ثم رجع الى مصر وسكن بدار عند قبة المشهد الحسيني وتوفي بها ودفن بالمجاورين ومولده في آخر المائة الالف بدمشق الشام

ممن توفي بهذا العام

احمد بن مصطفى بن احمد الزبيري المالكي الاسكندري نزيل مصر وخاتمة المسندين بها الشهير بالصباغ ذكر في ذكر شيوخه انه اخذ عن ابراهيم بن عيسى البلقطري وعلي بن فياض والشيخ محمد النشرتي الزرقاني واحمد الغزاوي وابراهيم الفيومي وسليمان الشبرخيتي ومحمد زيتونه التونسي نزيل الاسكندرية وابي العز العجمي واحمد بن الفقيه والكبنكسي ويحيى الشاوي وعبد الله البقري وصالح الحنبلي وعبد الوهاب الشنواني وعبد الباقي القليني وعلي الرميلي واحمد السجيني وابراهيم الكتبي واحمد الخليفي ومحمد الصغير والوزراري وعبده الديوي وعبد القادر الواطي واحمد

بن محمد الدرعي ورحل الى الحرمين فاخذ عن البصري والنخلي والسندي ومحمد اسلم و تاج الدين القلعي ووالسيد سعد الله وكان المترجم اماما علامة سليم الباطن معمور الظاهر قد عم به الانتفاع روى عنه كثيرون من الشيوخ وكان يذهب في كل سنة الى تغر الاسكندرية فيقيم بها شعبان ورمضان وشوالا ثم يرجع الى مصر يملي ويفيد ويدرس حتى توفي ودفن بتربة بستان المجاورين بالصحراء

## ثم دخلت سنة 1163هـ[1]

عاشر شوال[2] اقام احمد باشا في ولاية مصر وكان من ارباب الفضائل وله رغبة في العلوم الرياضية ولما وصل الى مصر واستقر بالقلعة وقابله صدور العلماء في ذلك الوقت وهم الشيخ عبد الله الشبراوي شيخ الجامع الازهر والشيخ سالم النفراوي والشيخ سليمان المنصوري فتكلم معهم وناقشهم وباحثهم ثم تكلم معهم في الرياضيات فأحجموا وقالوا لا نعرف هذه العلوم فتعجب وسكت وكان الشيخ عبد الله الشبراوي له وظيفة الخطابة بجامع السراية ويطلع في كل يوم جمعة ويدخل عند الباشا ويتحدث معه ساعة وربما تغدى معه ثم يخرج الى

[1] الموافق عام 1750م
[2] الموافق 15 نوفمبر 1750م

المسجد و يأتي الى الباشا في خواصه فيخطب الشيخ و يدعو للسلطان وللباشا ويصلي بهم ويرجع الباشا الى مجلسه وينزل الشيخ الـى داره فطلـع الشـيخ علـى عادتـه فـي يـوم الجمعـة واستأذن ودخل عند الباشا يحادثه فقال له الباشا المسموع عندنا بالديار الرومية ان مصر منبع الفضائل والعلوم وكنت في غاية الشوق الى المجيء اليها فلما جئتها وجدتها كما قيل تسمع بالمعيدي خير من ان تراه فقال له الشيخ هي يا مولانا كما سمعتم معدن العلوم والمعارف فقال وأين هي وأنتم أعظم علمائها وقد سألتكم عن مطلوبي من العلوم فلم اجد عندكم منها شيئا وغاية تحصيلكم الفقه والمعقول والوسائل ونبذتم المقاصـد فقـال لـه نحـن لسـنا أعظـم علمائهـا وانمـا نحـن المتصـدرون لخـدمتهم وقضـاء حـوائجهم عنـد اربـاب الدولـة والحكام وغالـب اهـل الازهـر لا يشـتغلون بشـيء مـن العلـوم الرياضـية الا بقـدر الحاجـة الموصـلة الـى علـم الفـرائض والمواريث كعلم الحساب والغبار فقال له وعلم الوقت كذلك من العلوم الشرعية بل هو من شروط صحة العبادة كالعلم بدخول الوقت واستقبال القبلة وأوقات الصوم والاهلة وغير ذلك فقال نعم معرفة ذلك من فروض الكفاية اذا قام به البعض سقط عن الباقين وهذه العلوم تحتاج الى لوازم وشروط وآلات وصناعات

وأمور ذوقية كرقة الطبيعة وحسن الوضع والخط والرسم والتشكيل والامور العطاردية وا هل الاز هر بخلاف ذلك غالبهم فقراء واخلاط مجتمعة من القرى والآفاق فيندر فيهم القابلية لذلك فقال وأين البعض فقال موجودون في بيوتهم يسعى اليهم ثم أخبره عن الشيخ الوالد وعرفه عنه وأطنب في ذكره فقال التمس منكم ارساله عندي فقال يا مولانا انه عظيم القدر وليس هو تحت امري فقال وكيف الطريق الى حضوره قال تكتبون له ارسالية مع بعض خواصكم فلا يسعه الامتناع ففعل ذلك وطلع اليه ولبى دعوته وسر برؤياه واغتبط به كثيرا وكان يتردد اليه يومين في الجمعة وهما السبت والاربعاء وأدرك منه مأموله وواصله بالبر والاكرام الزائد الكثير ولازم المطالعة عليه مدة ولايته وكان يقول لو لم أغنم من مصر الا اجتماعي بهذا الاستاذ لكفاني ومما اتفق له لما طالع ربع الدستور واتقنه طالع بعده وسيلة الطلاب في استخراج الاعمال بالحساب و هو مؤلف دقيق للعلامة المارديني فكان الباشا يختلي بنفسه ويستخرج منه ما يستخرجه بالطرق الحسابية ثم يستخرجه من النجيب فيجده مطابقا فاتفق له عدم المطابقة في مسألة من المسائل فاشتغل ذهنه وتحير فكره الى ان حضر اليه الاستاذ في الميعاد فاطلعه على ذلك و عن السبب في عدم المطابقة

فكشف له علة ذلك بديها فلما انجلى وجهها على مرآه عقله كاد يطير فرحا وحلف ان يقبل يده ثم احضر له فروة من ملبوسه السمور باعها المرحوم بثمانمائة دينار ثم اشتغل عليه برسم المزاول والمنحرفات حتى اتقنها ورسم على اسمه عدة منحرفات على الواح كبيرة من الرخام صناعة وحفرا بالازمير كتابة ورسما

ومن توفي بها

ومات النبيه النبيل والفقيه الجليل والسيد الاصيل السيد محمد المدعو حمودة السديدي احد ندماء الامير رضوان كتخدا ولد بالمحلة الكبرى وبها نشأ وحفظ القرآن واشتغل بطلب العلم فحصل مأموله في الفقه والمعقول والمعاني والبيان والعروض وعانى نظم الشعر وكان جيد القريحة حسن السليقة في النظم والنثر والانشاء وحضر الى مصر واخذ عن علمائها واجتمع بالامير رضوان كتخدا عزبان الجلفي المشار اليه وصار من خاصة ندمائه وامتدحه بقصائد كثيرة طنانة وموشحات ومزدوجة بديعة والمقامة التي داعب بها الشيخ عمار القروي واردفها بقصيدة رائية بليغة في هجو المذور سامحهما الله وكل ذلك مذكور في الفوائح الجنائية لجامعه الشيخ عبد الله الادكاوي حج رحمه الله ومات وهو آريب باجرود

## ثم دخلت سنة 1164هـ[1]

شهر رمضان[2] وصل الخبر بولاية الشريف عبد الله باشا[3] ووصل الى اسكندرية ونزل احمد باشا الى بيت البيرقدار وسافرت الملاقاة للباشا الجديد ثم وصل الى مصر وطلع الى القلعة

ومن توفي بها

مات الامام العلامة شيخ المشايخ شمس الدين الشيخ محمد القليني الازهري وكان له كرامات مشهورة ومآثر مذكورة منها انه كان ينفق من الغيب لانه لم يكن له ايراد ولا ملك ولا وظيفة ولا يتناول من احد شيئا وينفق انفاق من لا يخشى الفقر واذا مشى في السوق تعلق به الفقراء فيعطيهم الذهب والفضة واذا دخل الحمام دفع الاجرة عن كل من فيه

## ثم دخلت سنة 1166هـ[4]

---

1 تعادل عام 1751م

2 الموافق أكتوبر 1751م

3 تولى ولاية حلب عام 1753 بعد ولاية مصر حتى عام 1758م ثم تولى بعدها دمشق من عام 1758 حتى عام 1761م (عمر عبد العزيز عمر : المرجع السابق ، ص 161).

4 يوافق عام 1753م

فأقام في ولاية مصر ثم عزل عن مصر وولي حلب فنزل الى القصر بقبة العزب وهاداه الامراء ثم سافر الى منصبه ووصل محمد باشا امين فطلع الى القلعة وهو منحرف المزاج فأقام في الولاية نحو شهرين

خامس شهر شوال[1] وتوفي ودفن بجوار قبة الامام الشافعي رضي الله تعالى عنه

## قصد نصارى القبط الحج الى بيت المقدس

وفي هذا التاريخ احضر بطرك الاروام مرسوما سلطانيا بمنع طائفة النصارى الشوام من دخولهم كنائس الافرنج وان دخلوا فانهم يدفعون للدولة الف كيس ارسل ابراهيم كتخدا فأخذ اربعة قسوس من دير الافرنج وحبسهم وأخذ منهم مبلغا عظيما من المال واستمر نصارى الشوام يدخلون كنائس الافرنج ولعلها من تحيلات ابراهيم كتخدا

ومن الحوادث ايضا في نحو هذا التاريخ ان نصارى الاقباط قصدوا الحج الى بيت المقدس وكان كبيرهم اذ ذاك نوروز كاتب رضوان كتخدا فكلم الشيخ عبد الله الشبراوي في ذلك وقدم له هدية والف دينار فكتب له فتوى وجوابا ملخصه ان أهل الذمة لا يمنعون من دياناتهم وزياراتهم فلما تم لهم ما

---

[1] الموافق 7 أكتوبر 1753م

أرادوا شرعوا في قضاء أشغالهم وتشهيل أغراضهم وخرجوا في هيئة وابهة واحمال ومواهي وتختروانات فيها نساؤهم واولادهم ومعهم طبول وزمور ونصبوا لهم عرضيا عند قبة العزب واحضروا العربان ليسيروا في خفارتهم واعطوهم اموالا وخلعا وكساوي وانعامات وشاع امر هذه القضية في البلد واستنكرها الناس فحضر الشيخ عبدالله الشبراوي الى بيت الشيخ البكري كعادته وكان علي افندي اخو سيدي بكري متمرضا فدخل اليه بعوده فقال له اي شيء هذا الحال يا شيخ الاسلام على سبيل التبكيت كيف ترضى وتفتي النصارى وتأذن لهم بهذه الافعال لكونهم رشوك وهادوك فقال لم يكن ذلك قال بل رشوك بالف دينار وهدية وعلى هذا تصير لهم سنة ويخرجون في العام القابل بازيد من ذلك ويصنعون لهم محملا ويقال حج النصارى وحج المسلمين وتصير سنة عليك وزرها الى يوم القيامة فقام الشيخ وخرج من عنده مغتاظا وأذن للعامة في الخروج عليهم ونهب ما معهم وخرج كذلك معهم طائفة من مجاوري الازهر فاجتمعوا عليهم ورجموهم وضربوهم بالعصي والمساوق ونهبوا ما معهم وجرسوهم ونهبوا ايضا الكنيسة القريبة من دمرداش وانعكس النصارى

في هذه الحادثة عكسة بليغة وراحت عليهم وذهب ما صرفوه وانفقوه في الهباء

## ثم دخلت سنة 1167هـ[1]

ثالث عشر ربيع الاول[2] حضر مصطفى باشا وطلع الى القلعة واستمر واليا على مصر

يوم الاربعاء ثاني عشري جمادى الاولى[3] مات الشيخ الامام الفقيه المحدث المسند محمد بن احمد بن يحيى بن حجازي العشماوي الشافعي الازهري تفقه على الشيخ عبده الديوي والشهاب احمد بن عمر الديربي وسمع الحديث على الزرقاني وبعد وفاته أخذ الكتب الستة عن تلميذه الشهاب احمد بن عبد اللطيف المنزلي وانفرد بعلو الاسناد واخذ عنه غالب فضلاء العصر توفي سنة ودفن بتربة المجاورين

في رجب[4] مات الشيخ الامام الفاضل الصالح الشاعر الاديب عمر بن محمد بن عبد الله الحسيني الشنواني من ولد القطب شهاب الدين العراقي دفين شنوان قرأ على أفاضل عصره وتكمل في الفنون والقى دروسا بالازهر

---

1 تعادل عام 1754م

2 الموافق 8 مارس 1754م

3 الموافق 18 مايو 1754م

4 الموافق يونيو 1754م

## ثم دخلت سنة 1168هـ[1]

يوم الخميس سادس عشر من شهر صفر[2] مات الشيخ الامام العلامة سالم بن محمد النفراوي المالكي الازهري المفتي الضرير أخذ عن الشيخ العمدة احمد النفراوي الفقه واخذ الحديث عن الشيخ محمد الزرقاني والشيخ محمد بن علاء الدين البابلي ببيته بالازبكية والشبراملسي وغيرهم وكان مشهورا بمعرفة فروع المذهب واستحضار الفروع الفقهية وكانت حلقة درسه اعظم الحلق وعليه مهابة وجلالة

ثامن عشر صفر[3] مات سلطان الزمان السلطان محمود خان العثماني وكانت مدته نيفا وعشرين سنة و هو آخر بني عثمان في حسن السيرة والشهامة والحرمة واستقامة الاحوال والمآثر الحسنة وتولى السلطان عثمان بن أحمد اصلح الله شأنه[4]

---

1 تعادل عام 1755م

2 الموافق 1 فبراير 1755م

3 الموافق 3 فبراير 1755م ولكن التاريخ الصحيح للسلطان محمود الثاني وفاة هو 13 ديسمبر 1754م (محمد فريد : المرجع السابق ، ص 151).

4 هو السلطان عثمان الثاني الذي تولى حكم الدولة العثمانية عام 1754م حتى عام 1757م (محمد فريد : المرجع السابق ، ص 151 ، 152)

شهر صفر[1] مات الامير ابراهيم كتخدا تابع سليمان كتخدا القازدغلي وسليمان هذا تابع مصطفى كتخدا الكبير القازدغلي وخشداش حسن جاويش استاذ عثمان كتخدا والد عبد الرحمن كتخدا المشهور لبس الضلمة في سنة 1148[2] وعمل جاويشا وطلع سردار قطار في الحج في امارة عثمان بك ذي الفقار سنة 1153 [3] وفي تلك السنة استوحش منه عثمان بك باطنا لانه كان شديد المراس قوي الشكيمة وبعد رجوعه من الحج في سنة 1152[4] نما ذكره وانتشر صيته ولم يزل من حينئذ ينمو أمره وتزيد صولته وتنفذ كلمته وكان ذا دهاء ومكر وتحيل ولين وقسوة وسماحة وسعة صدر وتؤدة وحزم واقدام ونظر في العواقب ولم يزل يدبر على عثمان بك وضم اليه كتخداه احمد السكري ورضوان كتخدا الجلفي وخليل بك قطامش وعمر بك بسبب منافسة معه على بلاد هوارة كما تقدم حتى أوقع به على حين غفلة وخرج عثمان بك من مصر على الصورة المتقدمة فعند ذلك عظم شأنه وزادت سطوته واستكثر من شراء المماليك وقلد عثمان مملوكه الذي كان اغات متفرقة

---

[1] الموافق يناير 1755م

[2] الموافق عام 1736م

[3] الموافق عام 1740م

[4] الموافق عام 1739م

صنجقا و هو اول صناجقه و هو الذي عرف بالجرجاوي ولما قتل خليل بك قطامش وعمر بك بلاط وعلي بك الدمياطي ومحمد بك في ايام راغب باشا بمغامرة حسين بك الخشاب ثم حصلت ايضا كائنة الخشاب وخروجه ومن معه من مصر وزالت دولة القطامشة والدمايطة والخشابية وعزلوا راغب باشا في اثناء ذلك كما تقدم فعند ذلك انتهت رئاسة مصر وسيادتها للمترجم وقسيمه رضوان كتخدا الجلفي ونفذت كلمتهما وعلت سطوتهما على باقي الامراء والاختيارية الموجودين بمصر وتقلد المترجم كتخدائية باب مستحفظان ثلاثة اشهر ثم انفصل عنها وذلك كما يقال لاجل حرمة الوجاق وقلد مملوكية عليا وحسينا صنجقين وكذلك رضوان كتخدا كما سبق وصار لكل واحد منهما ثلاثة صناجق واشتغل المترجم بالاحكام وقبض الاموال الميرية وصرفها في جهاتها وكذلك العلوفات وغلال الانبار ومهمات الحج والخزينة ولوازم الدولة والولاة وقسيمة رضوان كتخدا مشتغل بلذاته ومنهمك على خلاعاته ولا يتداخل في شيء مما ذكر والمترجم يرسل له الاموال ويوالي بر الجميع ويراعي خواطرهم وينفذ اغراضهم وعبد الرحمن كتخدا مشتغل بالعمائر وفعل الخيرات وبناء المساجد واستكثر المترجم من شراء المماليك وقلدهم الامريات

والمناصب وقلد امارة الحج لمملوكه علي بك الكبير وطلع بالحج ورجع سنة 1167[1] وفي تلك السنة نزل على الحجاج سيل عظيم بمنزلة ظهر حمار فأخذ معظم الحجاج بجمالهم واحمالهم الى البحر ولم يرجع من الحجاج الا القليل ومما يحكى عنه انه رأى في منامه ان يديه مملوءتان عقارب فقصها على الشيخ الشبراوي فقال هؤلاء مماليك يكونون مثل العقارب ويسري شرهم وفسادهم لجميع الناس فان العقرب لدغت النبي صلى الله عليه وسلم في الصلاة فقال صلى الله عليه وسلم لعن الله العقرب لا تدع نبيا ولا غيره الا لدغته[2] وكذا يكون مماليكك وكان الامر كذلك وليس للمرتجم مآثر أخروية ولا افعال خيرية يدخرها ميعاده ويخفف عنه بها ظلم خلقه وعباده بل كان معظم اجتهاده الحرص على الرياسة والامارة وعمر داره التي بخط قوصون بجوار دار رضوان كتخدا والدار التي بباب الخرق وهي دار زوجته بنت البارودي

---

[1] الموافق عام 1754م

[2] وأخرجه ابن مردويه والبيهقي في الشعب عن علي بن أبي طالب بينا رسول الله صلى الله عليه وسلم ذات ليلة يصلي فوضع يده على الأرض لدغته عقرب فتناولها رسول الله صلى الله عليه وسلم بنعله فقتلها، فلما انصرف قال: لعن الله العقرب ما تدع مصليا ولا غيره أو نبيا أو غيره" ثم دعا بملح وماء بجعله في إناء، ثم جعل يصبه على إصبعه حيث لدغته ويمسحها ويعوذها بالمعوذتين، وفي لفظ فجعل يمسح عليها ويقرأ {قل هو الله أحد} و (قل أعوذ برب الفلق) و (قل أعوذ برب الناس

والقصر المنسوب اليها أيضا بمصر القديمة والقصرالذي عند سبيل قيماز بالعادلية وزوج الكثير من مماليكه نساء الامراء الذين ماتوا وقتلوا وأسكنهم في بيوتهم وعمل وليمة لمصفي باشا وعزمه في بيته بحارة قوصون في سنة 1166[1] وقدم له تقادم و هدايا وادرك المترجم من العز والعظمة ونفاذ الكلمة وحسن السياسة واستقرار الامور ما لم يدركه غيره بمصر ولم يزل في سيادته حتى مات على فرشه

ومات بعده رضوان كتخدا الجلفي وهو مملوك علي كتخدا الجلفي تقلد كتخدائية باب عزبان بعد قتل استاذه بعناية عثمان بك ذي الفقار كما تقدم ولم يزل يراعي لعثمان بك حقه وجميلة حتى اوقع بينهما ابراهيم كتخدا كما تقدم ولما استقرت الامور له ولقسيمه ترك له الرياسة في الاحكام واعتكف المترجم على لذاته وفسوقه وخلاعاته ونزهاته وانشأ عدة قصور واماكن بالغ في زخرفتها وتأنيقها وخصوصا داره التي انشأها على بركة الازبكية واصلها بيت الدادة الشرايبي و هي التي على بابها العامودان الملتفان المعروفة عند اولاد البلد بثلاثة وليه وعقد على مجالسها العالية قبابا عجيبة الصنعة منقوشة بالذهب المحلول واللازورد والزجاج الملون والالوان المفرحة

---

[1] الموافق عام 1753م

والصنائع الدقيقة ووسع قطعة الخليج بظاهر قنطرة الدكة بحيث جعلها بركة عظيمة وبنى عليها قصرا مطلا عليها وعلى الخليج الناصري من الجهة الاخرى وكذلك انشأ في صدر البركة مجلسا خارجا بعضه على عدة قناطر لطيفة وبعضه داخل الغيط المعروف بغيط المعدية وبوسطه بديرة تمتلىء بالماء من اعلى ويصب منها الى حوض من اسفل ويجري الى البستان لسقي الاشجار وبنى قصرا آخر بداخل البستان مطلا على الخليج وعلى الاعلاق من ظاهره فكان يتنقل في تلك القصور وخصوصا في ايام النيل ويتجاهر بالمعاصي والراح والوجوه الملاح وتبرج النساء ومخاليع اولاد البلد وخرجوا عن الحد في تلك الايام ومنع اصحاب الشرطة من التعرض للناس في افاعيلهم فكانت مصر في تلك الايام مراتع غزلان ومواطن حور وولدان كأنما اهلها خلصوا من الحساب ورفع عنهم التكليف والخطاب وهو الذي عمر باب القلعة الذي بالرميلة المعروف بباب العزب وعمل حوله هاتين البدنتين العظيمتين والزلاقة على هذه الصورة الموجودة الآن وقصدته الشعراء ومدحوه بالقصائد والمقامات والتواشيح واعطاهم الجوائز السنية وداعب بعضهم بعضا فكان يغري هذا بهذا ويضحك منهم ويباسطهم واتخذ له جلساء وندماء منهم الشيخ

علي جبريل والسيد سليمان والسيد حمودة السديدي والشيخ معروف والشيخ مصطفى اللقيمي الدمياطي صاحب المدامة الارجوانية في المدائح الرضوانية ومحمد افندي المدني وامتدحه العلامة الشيخ يوسف الحفني بقصائد طنانة وللشيخ عمار القروي فيه مدحا في المترجم ومداعبة للسيد حمودة السديدي المحلاوي ولم يزل رضوان كتخدا وقسيمة على امارة مصر ورئاستها حتى مات ابراهيم كتخدا كما تقدم فتداعى بموته ركن المترجم ورفعت النيام رؤوسها وتحركت حفائظها ونفوسها وظهر شان عبد الرحمن كتخدا القازدغلي وراج سوق نفاقه واخذ يعضد مماليك ابراهيم كتخدا ويغريهم ويحرضهم على الجلفية لكونهم مواليه فيخلص له بهم ملك مصر ويظن انهم يراعون حق ولائه وسيادته جده فكان الامر عليه بخلاف ذلك كما ستراه وهم كذلك يظهرون له الانقياد ويرجعون الى رايه ومشورته ليتم لهم به المراد وكل من امراء ابراهيم كتخدا متطلع للرياسة ايضا بالبلدة من الاكابر والاختيارية واصحاب الوجاهة مثل حسن كتخدا ابي شنب وعلي كتخدا الخربطلي وحسن كتخدا الشعراوي وقرا حسن كتخدا واسمعيل كتخدا التبانة وعثمان اغا الوكيل وابراهيم كتخدا مناو وعلي اغا توكلي وعمر اغا متفرقة وعمر افندي

محرم اختيار جاويشان وخليل جاويش حيضان مصلي وخليل جاويش القازدغلي وبيت الهياتم وابراهيم اغا بن الساعي وبيت درب الشمسي وعمر جاويش الداودية ومصطفى افندي الشريف اختيارية متفرقة وبيت بلغيه وبيت قصبة رضوان وبيت الفلاح وهم كثيرون اختيارية واوده باشيه ومنهم احمد كتخدا واسمعيل كتخدا وعلي كتخدا وذو الفقار جاويش واسمعيل جاويش وغيرهم فأخذ اتباع ابراهيم كتخدا يدبرون في اغتيال رضوان كتخدا وازالته وسعت فيهم عقارب الفتن فتنبه رضوان كتخدا لذلك فاتفق مع اغراضه وملك القلعة ولابواب والمحمودية وجامع السلطان حسن واجمع اليه جمع كثير من امرائه وغيرهم ومن انضم اليهم وكاد يتم له الامر فسعى عبد الرحمن كتخدا ولاختيارية في اجراء الصلح وطلع بعضهم الى رضوان نصحهم لانه كان سليم الصدر ففرق الجمع ونزل الى بيته الذي بقوصون فاغتنموا عند ذلك الفرصة وبيتوا امرهم ليلا وملكوا القلعة والابواب والجهات والمترجم في غفلته آمن في بيته مطمئن من قبلهم ولا يدري ما خبىء له فلم يشعر الا وهم يضربون عليه بالمدافع وكان المزين يحلق له رأسه فسقطت على داره الحلل فأمر بالاستعداد وطلب من يركن اليهم فلم يجد احدا وجدهم قد أخذوا حوله الطرق

والنواحي فحارب فيهم الى قريب الظهر وخامر عليه اتباعه فضربه مملوكه صالح الصغير برصاصة من خلف الباب الموصل لبيت الراحة فاصابته في ساقه وهرب مملوكه الى الاخصام وكانوا وعدوه بأمرية ان هو قتل سيده فلما حضر اليهم وأخبهم بما فعل أمر علي بك بقتله ثم امر رضوان بك بالخيول وركب في خاصته وخرج من نقب نقبه في ظهر البيت وتألم من الضربة لانها كسرت عظم ساقه فسار الى جهة البساتين وهو لا يصدق بالنجاة فلم يتبعه احد ونهبوا داره ثم ركب وسار الى جهة الصعيد فمات بشرق اولاد يحيى ودفن هناك فكانت مدته بعد قسيمه قريبا من ستة اشهر ولما مات تفرقت صناجقه ومماليكه في البلاد وسافر بعضهم الى الحجاز من ناحية القصير ثم ذهبوا من الحجاز الى بغداد واستوطنوها وتناسلوا وماتوا وانقضت دولتهما فكانت مدتهما نحو سبع سنوات ومصر في تلك المدة هادية من الفتن والشرور والاقليم البحري والقبلي امن وامان والاسعار رخية والاحوال مرضية واللحم الضاني المجروم من عظمه رطله بنصفين والجاموسي بنصف والسمن البقري عشرته باربعين نصف فضة اللبن الحليب عشرته باربعة انصاف والرطل الصابون بخمسة انصاف والسكر المنعاد كذلك والمكرر قنطاره

بالف نصف والعسل القطر قنطاره بمائة وعشرين نصفا واقل والرطل البن القهوة باثني عشر نصفا والتمر يجلب من الصعيد في المراكب الكبار ويصب على ساحل بولاق مثل عرم الغلال ويباع بالكيل والارداب والارز اردبه باربعمائة نصف والعسل النحل قنطاره بخمسمائة نصف وشمع العسل رطله بخمسة وعشرين نصفا وشمع الدهن باربعة انصاف والفحم قنطاره باربعين نصفا والبصل قنطاره بسبعة انصاف وفسر على ذلك

## ثم دخلت سنة 1169هـ[1]

اوائل شهر ربيع الاول[2] ورد الخبر بعزله وولاية حضرة الوزير المكرم علي باشا حكيم اوغلي وهي ولايته الثانية وطلع الى سكندرية ونزلت اليه الملاقاة وارباب المناصب والعكاكيز يوم الاثنين غرة شهر جمادى الاولى[3] ثم حضر الى مصر وطلع الى القلعة وسار في مصر سيرته المعهودة وسلك طريقته المشكورة المحمودة فاحيا مكارم الاخلاق وادر على رعيته الارزاق بحلم وبشر ربي عليهما فكانا له طبعا وصدر رحب لا يضيق بنازله ذرعا

---

[1] الموافق عام 1756م
[2] أوائل فبراير 1756م
[3] الموافق 4 إبريل 1756م

ولما مات ابراهيم كتخدا الجلفي القازدغلي ورضوان كتخدا الجلفي بدأ أمر اتباع ابراهيم كتخدا في الظهور وكان المتعين بالامارة منهم عثمان بك الجرجاوي وعلي بك الذي عرف بالغزاوي وحسين بك الذي عرف بكشكش وهؤلاء الثلاثة تقلدوا الصنجقية والامارة في حياة استاذهم والذي تقلد الامارة منهم بعد موته حسين بك الذي عرف بالصابونجي[1] وعلي بك بلوط قبان وخليل بك الكبير واما من تأمر منهم بعد قتل حسين بك الصابونجي فهم حسن بك جوجه واسمعيل بك ابو مدفع واما من تأمر بعد ذلك بعناية علي بك بلوط قبان عندما ظهر امره فهو اسمعيل بك الاخير الذي تزوج ببنت استاذه وكان خازنداره وعلي بك السروجي فلما استقر امرهم بعد خروج رضوان كتخدا وزوال دولة الجلفية تعين بالرياسة منهم على اقرانه عثمان بك الجرجاوي فسار سيرا عنيفا من غير تدبر وناكد زوجة سيدة بنت البارودي وصادرها في بعض تعلقاتها فشكت امرها الى كبار الاختيارية فخاطبوه في شأنها وكلمه حسن كتخدا ابو شنب فرد عليه ردا قبيحا فتحزبوا عليه ونزعوه من الرياسة وقدموا حسين بك الصابونجي وجعلوه شيخ البلد ولم يزل حتى حقد عليه خشداشينه وقتلوه وخبر

---

[1] تولى شياخة البلد بعد رحيل رضوان في صيف عام 1755م وهو بذلك حاكم مصر المملوكي

موت حسين بك المذكور انه لما مات ابراهيم كتخدا قلدوا المذكور امارة الحج وطلع سنة 1169

مات الشيخ الفقيه المفتي العلامة سليمان بن مصطفى بن عمر بن الولي العارف الشيخ محمد المنير المنصوري الحنفي احد الصدور المشار اليهم ولد سنة 1087[1] بالنقيطة احدى قرى المنصورة وقدم الازهر فأخذ عن شيوخ المذهب كشاهين الارمناوي وعبد الحي بن عبد الحق والشرنبلالي وابي الحسن علي بن محمد العقدي وعمر الزهري وعثمان النحريري وقائد الابياري شارح الكنز فاتقن الاصول ومهر في الفروع ودارت عليه مشيخة الحنفية ورغب الناس في فتاويه وكان جليل القدر عالي الذكر مسموع الكلمة مقبول الشفاعة

## ثم دخلت سنة 1170هـ[2]

في جمادى الثانية[3] مات الشيخ داود بن سليمان بن احمد بن محمد بن عمر بن عامر بن خضر الشرنوبي البرهاني المالكي الخربتاوي ولد سنة 1080[4] وحضر على كبار اهل العصر

---

[1] الموافق عام 1676

[2] تعادل عام 1757م

[3] الموافق مايو 1757م

[4] الموافق عام 1669م

كالشيخ محمد الزرقاني والخرشي وطبقتهما وعاش حتى الحق الاحفاد بالاجداد وكان شيخا معمرا مسندا له عناية بالحديث طلع سنة 1170[1] ثم تعين بالرياسة وصار هو كبير القوم والمشار اليه وكان كريما جوادا وجيها وكان يميل بطبعه الى نصف حرام لان اصله من مماليك الصابونجي فهرب من بيته وهو صغير وذهب الى ابراهيم جاويش فاشتراه من الصابونجي ورباه ورقاه ثم زوجه بزوجة محمد جربجي ابن ابراهيم الصابونجي وسكن بيتهم وعمره ووسعه وانشأ فيه قاعة عظيمة فلذلك اشتهر بالصابونجي ممن توفي بها

ومات العلامة القدوة شمس الدين محمد بن الطيب بن محمد الشرفي الفاسي ولد بفاس سنة 1110[2] واستجاز له والده من ابي الاسرار حسن ابن علي العجمي من مكة المشرفة وعمره اذ ذاك ثلاث سنوات فدخل في عموم اجازته وتوفي بالمدينة المنورة وتاريخه مغلق عن ستين عاما رحمه الله تعالى

ومات الشيخ القطب الصالح العارف الواصل الشيخ محمد بن علي الجزائي القاسمي الشهير بكشك ورد مصر صغيرا وبها نشأ وحج واخذ الطريقة عن سيدي احمد السوسي تلميذ سيدي قاسم وجعله خليفة القاسمية بمصر فلو حظ بالانوار والاسرار

---

[1] الموافق عام 1757م
[2] الموافق عام 1699م

ثم دخل المغرب ليزور شيخه فوجده قد مات قبل وصوله بثلاثة ايام واخبره تلامذة الشيخ ان الشيخ اخبر بوصول المترجم واودع له امانة فاخذها ورجع الى مصر وجلس للارشاد واخذ العهود ويقال إنه تولى القبطانية

ومات الشيخ الفاضل العلامة محمد بن احمد الحنفي الازهري الشهير بالصائم تفقه على سيدي علي العقدي والشيخ سليمان المنصوري والسيد محمد ابي السعود وغيرهم وبرع في معرفة فروع المذهب ودرس بالازهر وبمسجد الحنفي ومسجد محرم في انواع الفنون ولازم الشيخ العقيقي كثيرا ثم اجتمع بالشيخ احمد العريان وتجرد للذكر والسلوك وترك علائق الدنيا ولبس زي الفقراء ثم باع ما ملكت يداه وتوجه الى السويس فركب في سفينة فانكسرت فخرج مجردا يساتر العورة ومال الى بعض خباء الاعراب فاكرمته امرأة منهم وجلس عندها مدة يخدمها ثم وصل الى الينبع على هيئة رثة واوى الى جامعها واتفق له انه صعد ليلة من الليالي على المنارة وسبح على طريقة المصريين فسمعه الوزير اذ كان منزله قريبا من هناك فلما اصبح طلبه وسأله فلم يظهر حاله سوى انه من الفقراء فانعم عليه ببعض ملابس وامره ان يحضر الى داره كل يوم للطعام ومضت على ذلك برهة الى ان اتفق موت بعض مشايخ

العربان وتشاجر اولاده بسبب قسمة التركة فاتوا الى اليذبع يستفتون فلم يكن هناك من يفك المشكل فراى الوزير ان يكتب السؤال ويرسله مع الهجان باجرة معينة الى مكة يستفتي العلماء فاستقل الهجان الاجرة ونكص عن السفر ووقع التشاجر في دفع الزيادة للهجان وامتنع اكثرهم ووقعوا في الحيرة فلما راى المترجم ذلك طلب الدواة والقلم وذهب الى خلوة له بالمسجد فكتب الجواب مفصلا بنصوص المذهب وختم عليها وناوله للوزير فلما قرأ تعجب واكرمه الوزير واجله ورفع منزلته وعين له من المال والكسوة وصار يقرأ دروس الفقه والحديث هناك حتى اشتهر امره واقبلت عليه الدنيا فلما امتلأ كيسه وانجلى بؤسه وقرب ورود الركب المصري رأى الوزير تفلته من يده فقيد عليه ثم لما لم يجد بدا عاهده على انه يحج ويعود اليه فوصل مع الركب الى مكة واكرم وعاد الى مصر ولم يزل على حالة مستقيمة حتى توفي عن فالج فيه جلس فيه شهورا وهو منسوب الى سفط الصائم احدى قرى مصر من اعمال الفشن بالصعيد الادنى ولم يخلف في فضائله مثله رحمه الله

مات الامام العلامة الفريد الفقيه الفرضي الحيسوبي الشيخ حسين المحلي الشافعي كان وحيد دهرة وفريد عصره فقها

واصولا ومعقولا جيد الاستحضار والحفظ للفروع الفقيه واما في علم الحساب الهوائي والغباري والفرائض وشباك ابن الهائم والجبر والمقابلة والمساحة وحل الاعداد فكان بحرا لا تشبهه البحار ولا يدرك له قرار وله في ذلك عدة تآليف ومنها شرح السخاوية وشرح النزهة والقلصاوي وكان يكتب تآليفه بخطه ويبيعها لمن يرغب فيها ويأخذ من الطالبين اجرة على تعليمهم فاذا جاء من يريد التعلم وطلب ان يقرأ عليه الكتاب الفلاني تعزز عليه وتمنع ويساومه على ذلك بعد جهد عظيم وكان له حانوت بجوار باب الازهر يتكسب فيه ببيع المناكيب لمعرفة الاوقات والكتب وتسفيرها والف كتابا حافلا في الفروع الفقيهة على مذهب الامام الشافعي وهو كتاب ضخم في مجلدين معتبر مشهور معتمد الاقوال في الافتاء وله غير ذلك كثير وبالجملة فكان طودا راسخا تلقى عنه كثير من اشياخ العصر ومنهم شيخنا الشيخ محمد الشافعي الجناحي المالكي وغيره

## ثم دخلت سنة 1171هـ[1]

اواخر شهر صفر[1] مات الشيخ الاجل المعظم سيدي محمد بكري احمد بن عبدالمنعم ابن محمد بن ابي السرور محمد بن

[1] تعادل عام 1758م

القطب ابي المكارم محمد ابيض الوجه ابن ابي الحسن محمد بن الجلال عبد الرحمن بن احمد بن محمد بن احمد ابن محمد بن عوض بن محمد بن عبد الخالق بن عبد المنعم بن يحيى بن الحسن بن موسى بن يحيى بن يعقوب بن نجم بن عيسى بن شعبان ابن عيسى بن داود بن محمد بن نوح بن طلحة بن عبد الله بن عبد الرحمن ابن ابي بكر الصديق وكان يقال له سيدي ابو بكر البكري شيخ السجادة بمصر ولاه ابوه الخلافة في حياته لما تفرس فيه النجابة مع وجود اخوته الذين هم اعمامه وهم ابو المواهب وعبد الخالق ومحمد بن عبد المنعم فسار في المشيخة احسن سير وكان شيخا مهيبا ذا كلمة نافذة وحشمة زائدة تسعى اليه الوزراء والاعيان والامراء وكان الشيخ عبد الله الشبراوي يأتيه في كل يوم قبل الشروق يجلس معه مقدار ساعة زمانية ثم يركب ويذهب الى الازهر ولما مات خلفه ولده الشيخ سيد احمد وكان المترجم متزوجا بنت الشيخ الحنفي فاولدها سيدي خليلا وهو الموجود الآن تركه صغيرا فتربى في كفالة ابن عمه السيد محمد افندي ابن علي افندي الذي انحصرت فيه المشيخة بعد وفاة ابن عمه الشيخ سيد

---

[1] يوافق أواخر عام 1757م

احمد مضافة الى نقابة السادة الاشراف كما يأتي ذكر ذلك ان شاء الله وكانت وفاة المترجم

في شهر صفر[1] ثم ان المترجم اخرج خشداشة علي بك المعروف ببلوط قبان ونفاه الى بلده النوسات واخرج خشداشة ايضا عثمان بك الجرجاوي منفيا الى اسيوط واراد نفي علي بك الغزاوي واخرجه الى جهة العادلية فسعى فيه الاختيارية بواسطة نسيبه علي كتخدا الخربطلي وحسن كتخدا ابي شنب فالزمه أن يقيم بمنزل صهره علي كتخدا المذكور ببركة الرطلي ولا يخرج من البيت ولا يجتمع باحد من اقرانه وأرسل الى خشداشة حسين بك المعروف بكشكش فاحضره من جرجا وكان حاكما بالولاية فأمره بالاقامة في قصر العيني ولا يدخل الى المدينة ثم ارسل اليه يأمره بالسفر الى جهة البحيرة وأحضروا اليه المراكب التي يسافر فيها ويريد بذلك تفرق خشداشينه في الجهات ثم يرسل اليهم ويقتلهم لينفرد بالامر والرياسة ويستقل بملك مصر ويظهر دولة نصف حرام وهو غرضه الباطني وضم اليه جماعة من خشداشينه وتوافقوا معه على مقصد ظاهرا وهم حسن كاشف جوجه وقاسم كاشف وخليل كاشف جرجي وعلي اغا المنجي واسمعيل كاشف ابو

[1] يوافق ديسمبر 1757م

مدفع وآخر يسمى حسن كاشف وكانوا من اخصائه وملازميه فاشتغل معهم حسين بك كشكش واستمالهم سرا واتفق معهم على اغتياله فحضروا عنده في يوم الجمعة على جري عادتهم وركبوا صحبته الى القرافة فزاروا ضريح الامام الشافعي ثم رجع صحبتهم الى مصر القديمة فنزلوا بقصر الوكيل وباتوا صحبته في انس وضحك وفي الصباح حضر اليهم الفطور فأكلوه وشربوا القهوة وخرج المماليك ليأكلوا الفطور مع بعضهم وبقي هو مع الجماعة وحده وكانوا طلبوا منه انعاما فكتب الى كل واحد منهم وصولا بالف ريال والف اردب قمح وغلال ووضعوا الاوراق في جيوبهم ثم سحبوا عليه السلاح وقتلوه وقطعوه قطعا ونزلوا من القصر واغلقوه على المماليك والطائفة من خارج وركب حسن كاشف جوجه ركوبة حسين بك وكان موعدهم مع حسين بك كشكش عند المجراة فانه لما احضروا له مراكب السفر تلكأ في النزول وكلما ارسل اليه حسين بك يستعجله بالسفر يحتج بسكون الريح او ينزل بالمراكب ويعدي الى البر الآخر ويوهم انه مسافر ثم يرجع ليلا ويتعلل بقضاء اشغاله واستمر على ذلك الحال ثلاثة ايام حتى تمم اغراضه وشغله مع الجماعة ووعدهم بالامريات واتفق معهم انه ينتظرهم عند المجراة وهم يركبون مع حسين بك

ويقتلونه في الطريق ان لم يتمكنوا من قتله بالقصرفقدر الله انهم قتلوه وركبوا حتى وصلوا الى حسين بك كشكش فاخبروه بتمام الامر فركب معهم ودخلوا الى مصر وذهب كشكش الى بيت حسين بك بالداودية وملكه بما فيه وارسل باحضار خشداشيه المنفيين وعندما وصل الخبر الى علي بك الغزاوي ببركة الرطلي ركب في الحال مع القاتلين وطلعوا الى القلعة واخذوا في طريقهم اكابر الوجاقلية ومنهم حسن كتخدا ابو شنب وهو من اغراض حسين بك المقتول وكان مريضا بالآكلة في فمه فلما دخلوا اليه وطلبوه نزل اليهم من الحريم فاخبروه بقتلهم حسين بك فطلبوه للركوب معهم فاعتذر بالمرض فلم يقبلوا عذره فتطيلس وركب معهم الى القلعة وولوا علي بك كبير البلد[1] عوضا عن حسين بك المقتول وكان قتله ثم ان

---

[1] هو علي بك الكبير في عام 1728م ببلاد الأبازة من أعمال القوقاز حينئذ ، كان والده داوود أحد قساوسة الكنيسة اليونانية يأمل أن ينشئ ابنه يوسف تنشئة دينية ، ولكن القدر شاء غير ذلك ، فقد اختطف الابن بيد أحد عصابات الطرق التي باعته إلى كرد أحمد وهو من كبار تجار الرقيق ، فقصد به إلى الاسكندرية حيث باعه إلى مديري جمركها الأخوين اليهودي اسحاق ويوسف اللذا قدماه هدية إلى إبراهيم كتخذا جاويش القازدغلي. اعتنق الإسلام وسمي عليا ودرس تعاليم الدين الإسلامي ومبادئ القراءة والكتابة العربية والتركية وأخذ على نفسه التدريب على التمرينات البدنية ، ركوب الخيل ، استعمال الأسلحة النارية فمهر في ذلك حتى اكسب لقب الجن (ليلى عبد اللطيف أحمد : المرجع السابق ، ص 134-135)

مماليكه وضعوا اعضاءه في خرج وحملوه على هجين ودخلوا به الى المدينة فادخلوه الى بيت الشيخ الشبراوي بالرويعي فغسلوه وكفنوه ودفنوه بالقرافة وسكن علي بك المذكور بيت حسين بك الصابونجي الذي بالازبكية واحضروا علي بك من النوسات وعثمان بك الجرجاوي من اسيوط وقلدوا خليل كاشف صنجقية واسمعيل ابو مدفع كذلك وقاسم كاشف قلدوه الزعامة ثم قلدوا بعد اشهر حسن كاشف المعروف بجوجه صنجقية ايما وكان ذلك في ولاية علي باشا ابن الحكيم الثانية فكان حال حسين بك المقتول مع قاتليه كما قال الشاعر

واخوان تخذتهمو دروعا فكانوها ولكن للاعادي
وخلتهمو سهاما صائبات فكانوها ولكن في فؤادي

سادس جمادى الاولى[1] مات الاستاذ المبجل ذو المناقب الحميدة السيد شمس الدين محمد ابو الاشراق بن وفي وهو ابن اخي الشيخ عبد الخالق ولما توفي عمه في سنة 1161[2] خلفه في المشيخة والتكلم وكان ذا ابهة ووقار محتشما سليم الصدر كريم النفس بشوشا وصلي عليه بالازهر وحمل الى الزاوية فدفن عند عمه وقام بعده في الخلافة الاستاذ مجد الدين محمد ابو هادي ابن وفي رضي الله عنهم اجمعين

---

[1] الموافق 18 مارس 1758م
[2] الموافق عام 1748م

في اواخر رجب[1] عزل علي باشا ابن الحكيم وحضر الى مصر محمد سعيد باشا

شهر شعبان[2] لما رجع من الحجاز قلد عبد الرحمن ا غا اغاوية مستحفظان وهو عبد الرحمن اغا المشهور

سادس ذي الحجة[3] الشيخ الامام الفقيه المحدث الاصولي المتكلم الماهر الشاعر الاديب عبد الله بن محمد بن عامر بن شرف الدين الشبراوي الشافعي ولد تقريبا في سنة 1092[4] وهو من بيت العلم والجلالة فجده عامر بن شرف الدين ترجمه الاميني في الخلاصة ووصفه بالحفظ والذكاء فاول من شملته اجازته سيدي محمد بن عبد الله الخرشي وعمره اذ ذاك نحو ثمان سنوات وذلك في سنة 1100 [5] ولما مات الشيخ شنن تقلد المشيخة الشيخ ابراهيم ابن موسى الفيومي المالكي ولما مات في سنة سبع وثلاثين[6] انتقلت المشيخة الى الشافعية فتولاها الشيخ عبد الله السبراوي المترجم المذكور في حياة كبار العلماء بعد ان تمكن وحضر الاشياخ كالشيخ خليل بن

---

[1] الموافق أواخر مايو 1758م
[2] الموافق يونيو 1758م
[3] الموافق 11 أكتوبر 1758م
[4] الموافق عام 1681م
[5] الموافق عام 1725م
[6] الموافق أواخر مايو 1758م

ابراهيم اللقاني والشهاب الخليفي والشيخ محمد بن عبد الباقي الزرقاني والشيخ احمد النفراوي والشيخ منصور المنوفي والشيخ صالح الحنبلي والشيخ محمد المغربي والشيخ عيد النمرسي وسمع الاولية واوائل الكتب من الشيخ عبد الله بن سالم البصري ايام حجه ولم يزل يترقى في الاحوال والاطوار ويفيد ويملي ويدرس حتى صار اعظم الاعاظم ذا جاه ومنزلة عند رجال الدولة والامراء ونفذت كلمته وقبلت شفاعته وصار لاهل العلم في مدته رفعة مقام ومهابة عند الخاص والعام واقبلت عليه الامراء وهادوه بانفس ما عندهم وعمر دارا عظيمة على بركة الازبكية بالقرب من الرويعي وكذلك ولده سيدي عامر عمر دارا تجاه دار أبيه وصرف عليها اموالا جمة وكان يقتني الظرائف والتحائف من كل شيء والكتب المكلفة النفسية بالخط الحسن وكان راتب مطبخ ولده سيدي عامر في كل يوم من اللحم الضاني راسين من الغنم السمان يذبحان في بيته وكان طلبة العلم في ايام مشيخة الشيخ عبد الله الشبراوي في غاية الادب والاحترام ومن آثاره كتاب مفائح الالطاف في مدائح الاشراف وشرح الصدر في غزوة بدر الفها باشارة علي باشا ابن الحكيم وذكر في اخرها نبذة من التاريخ وولاة مصر الى وقت صاحب الاشارة وله ديوان يحتوي على غزليات

واشعار ومقاطيع مشهور بايدي الناس وغير ذلك كثير توفي في صبيحة يوم الخميس وصلي عليه بالازهر في مشهد حافل عن ثمانين سنة تقريبا

وطلع بالحج في تلك السنة محمد بك بن الدالي

وفي تلك السنة نزل مطر كثير سالت منه السيول واعقبه الطاعون المسمى بقارب شيحة الذي اخذ المليح والمليحة مات به الكثير من الناس المعروفين وغيرهم ما لا يحصى ثم خف وممن توفي بها

و مات الاجل المكرم الحاج صالح الفلاح و هو استاذ الامراء المعروفين بمصر المشهورين بجماعة الفلاح وينسون الى القازدغلية وكان متمولا ذا ثروة عظيمة وشيخ وأصله غلام يتيم فلاح من قرية من قرى المنوفية يقال لها الراهب وكان خادما لبعض اولاد شيخ البلد فانكسر عليه المال فرهن ولده عند الملتزم و هو علي كتخدا الجلفي ومعه صالح هذا وهما غلامان صغيران فاقاما ببيت علي كتخدا حتى غلق أبوه ما عليه من المال واستلم ابنه ليرجع به الى بلده فامتنع صالح وألف المقام ببيت الملتزم واستمر به يخدم مع صبيان الحريم وكان نبيها خفيف الروح والحركة ولم يزل يتنقل في الاطوار حتى صار من ارباب الاموال واشترى المماليك والعبيد

والجواري ويزوجهم من بعضهم ويشتري لهم الدور والايراد ويدخلهم في الوجاقات والبلكات بالمصانعات والرشوات لارباب الحل والعقد والمتكلمين وتنقلوا حتى تلبسوا بالمناصب الجليلة كتخدا آت واختيارية وأمراء طبلخانات وجاويشية وأوده باشية وغير ذلك حتى صار من مماليكه ومماليكهم من يركب في العذارات فقط نحو المائة وصار لهم بيوت واتباع ومماليك وشهرة عظيمة بمصر وكلمة نافذة وعزوة كبيرة وكان يركب حمارا ويعتم عمة لطيفة على طربوش وخلفه خادمه ومات في سن السبعين ولم يبق في فمه سن وكان يقال له صالح جلبي والحاج صالح وبالجملة فكان من نوادر الزمن وكان يقرض ابراهيم كتخدا وأمراءه بالمائة كيس وأكثر وكذلك غيرهم ويخرج الاموال بالربا والزيادة وبذلك امحقت دولتهم وزالت نعمهم في أقرب وقت وآل امرهم الى البوارهم واولادهم وبواقيهم لذهاب ما في ايديهم وصاروا اتباعا واعوانا للامراء المتأخرين

ومات الاجل المكرم والملاذ المفخم الخواجا الحاج احمد بن محمد الشرايبي وكان من اعيان التجار المشتهرين كاسلافه وبيتهم المشهور بالازبكية بيت المجد والفخر والعز ومماليكهم واولاد مماليكهم من اعيان مصر جربجية وامراء ومنهم

يو سف بك الشرايبي وكانوا في غاية من الغنى والرفاهية والنظام ومكارم الاخلاق والاحسان للخاص والعام ويتردد الى منزلهم العلماء والفضلاء ومجالسهم مشحونة بكتب العلم النفيسة للاعارة والتغيير وانتفاع الطلبة ولا يكتبون عليها وقفية ولا يدخلونها في مواريثهم يرغبون فيها ويشترونها باغلى ثمن ويضعونها على الرفوف والخزائن والخورنقات وفي مجالسهم جميعا فكل من دخل الى بيتهم من اهل العلم الى اي مكان يقصد الاعارة او المراجعة وجد بغيته ومطلوبه في اي علم كان من العلوم ولو لم يكن الطالب معروفا ولا يمنعون من يأخذ الكتاب بتمامه فان رده في مكانه رده وان لم يرده واختص به او باعه لا يسأل عنه وربما بيع الكتاب عليهم واشتروه مرارا ويعتذرون عن الجاني بضرورة الاحتياج وخبزهم وطعامهم مشهور بغاية الجودة والاتقان والكثرة و هو مبذول للقاصي والداني مع السعة والاستعداد وجميعهم مالكيو المذهب على طريقة اسلافهم واخلاقهم جميلة واوضاعهم منزهة عن كل نقص ورذيلة ومن اوضاعهم وطرائقهم انهم لا يتزوجون الامن بعضهم البعض ولا تخرج من بيتهم امرأة الا للمقبرة فاذا عملوا عرسا اولموا الولائم واطعموا الفقراء والقراء على نسق اعتادوه وتنزل العروس من حريم ابيها الى

مكان زوجها بالنساء الخلص والمغاني والجنك تزفها ليلا بالشموع وباب البيت مغلوق عليهن وذلك عندما يكون الرجال في صلاة العشاء بالمسجد الازبكي المقابل لسكنهم وبيتهم يشتمل على اثني عشر مسكنا كل مسكن بيت متسع على حدته وكان الامراء بمصر يترددون اليهم كثيرا من غير سبق دعوة وكان رضوان كتخدا يتفسح عند المترجم في كثير من الاوقات مع الكمال والاحتشام ولا يصحبة في ذلك المجلس الا اللطفاء من ندمائه واذا قصده الشعراء بمدح لا يأتونه في الغالب الا في مجلسه لينالوا فضيلتين ويحرزوا جائزتين وكان من سنتهم انهم يجعلون عليهم كبيرا منهم وتحت يده الكاتب والمستوفي والجابي فيجمع لديه جميع الايراد من الالتزام والعقار والجامكية ويسدد الميري ويصرف لكل انسان راتبه على قدر حاله وقانون استحقاقه وكذلك لوازم الكساوي للرجال والنساء في الشتاء والصيف ومصروف الجيب في كل شهر وعند تمام السنة يعمل الحساب ويجمع ما فضل عنده من المال ويقسمه على كل فرد بقدر استحقاقه وطبقته واستمروا على هذا الرسم والترتيب مدة مديدة فلما مات كبارهم وقع بينهم الاختلاف واقتسوا الايراد واختص كل فرد منهم بنصيبه يفعل به ما يشتهي وتفرق الجمع وقلت البركة وانعزل المحبون وصار كل

حزب بما لديهم فرحون وكان مسك ختامهم صديقنا واخانا في الله اللوذعي الاريب والنادرة المفرد النجيب سيدي ابراهيم بن محمد بن الدادة الشرايبي الغزالي كان رحمه الله تعالى ملكي الصفات بسام الثنايات عذب المورد رحيب النادي واسع الصدر للحاضر والبادي قطعنا معه اوقاتا كانت لعين الدهر قرة وعلى مكتوب العمر عنوان المسرة وما زال يشتري متاع الحياة بجوهر عمره النفيس مواظبا على مذاكرة العلم وحضور التدريس حتى كدر الموت ورده وبدد الحسود بنوائبه عقده كما يأتي تتمة ذلك في سنة وفاته وانمحت بموته من بيتهم المآثر وتبدد بقية عقدهم المتناثر

ومات احمد جلبي ابن الأمير علي والأمير عثمان وتزوج مماليك القازدغلية نساءهم وسكنوا في بيتهم

ومنهم سليمان اغا صالح وتقلد الزعامة وصار بيتهم بيت الوالي

ومات العمدة الاجل النبيه الفصيح المفوه الشيخ يوسف بن عبد الوهاب الدلجي وهو اخو الشيخ محمد الدلجي كلاهما ابنا خال المرحوم الوالد وكان انسانا حسنا ذا ثروة وحسن عشرة وكان من جملة جلساء الامير عثمان بك ذي الفقار ولديه فضيلة ومناسبات ويحفظ كثيرا من النوادر والشواهد وكان منزله

المشرف على النيل ببولاق مأوى اللطفاء والظرفاء ويقتني السراري والجواري توفي عن ولديه حسين وقاسم وابنة اسمها فاطمة موجودة في الاحياء الى الان

ومات الامير الكبير عمر بك بن حسن بك رضوان وذلك انه لما قلد ابراهيم كتخدا تابعه علي بك الكبير امارة الحج وطلع بالحجاج ورجع في سنة 1167[1] ونزل عليهم السيل العظيم يظهر حمار والقى الحجاج واحمالهم الى البحر ولم يرجع منهم الا القليل تشاوروا فيمن يقلدونه امارة الحج فاقتضى راي ابراهيم كتخدا تولية المترجم وقد صار مسنا هرما فاستعفى من ذلك فقال له ابراهيم كتخدا اما أن تطلع بالحج او تدفع مائتي كيس مساعدة فحضر عند ابراهيم كتخدا فرأى منه الجد فقال اذا كان ولا بد فاني اصرفها واحج ولو اني اصرف الف كيس ثم توجه الى القبلة وقال اللهم لا ترني وجه ابراهيم هذا بعد هذا اليوم اما اني اموت او هو يموت فاستجاب الله دعوته ومات ابراهيم كتخدا في صفر[2] قبل دخول الحجاج الى مصر بخمسة ايام.

ومات الرجل الفاضل النبيه الذكي المتفنن المتقن الفريد الاوسطي ابراهيم السكاكيني كان انسانا حسنا عطارديا يصنع

---

[1] الموافق عام 1725م

[2] الموافق عام 1725م

السيوف والسكاكين ويجيد سقيها وجلاءها ويصنع قراباتها ويسقطها بالذهب والفضة ويصنع المقاشط الجيدة الصناعة والسقي والتطعيم والبركارات للصنعة واقلام الجدول الدقيقة الصنعة المخرمة وغير ذلك وكان يكتب الخط الحسن الدقيق بطريقة متسقة معروفة من دون الخطوط لا تخفى وكتب بخطه ذلك كثيرا مثل مقامات الحريري وكتب ادبية ورسائل كثيرة في الرياضيات والرسميات وغير ذلك وبالجملة فقد كان فريدا في ذاته وصفاته وصناعته لم يخلف بعده مثله توفي في حدود هذا التاريخ وكان حانوته تجاه جامع المرداني بالقرب من درب الصياغ

## ثم دخلت سنة 1172هـ[1]

ثاني عشر صفر[2] مات الشيخ الامام المعمر القطب احد مشايخ الطريق صاحب الكرامات الظاهرة والانوار الساطعة الباهرة عبد الوهاب بن عبد السلام بن احمد ابن حجازي بن عبد القادر بن ابي العباس بن مدين بن ابي العباس بن عبد القادر بن ابي العباس بن شعيب بن محمد بن القطب سيدي عمر الرزوقي العفيفي المالكي البرهاني يتصل نسبة الى القطب الكبير سيدي

---

[1] الموافق عام 1759م

[2] الموافق 13 ديسمبر 1758م

مرزوق الكفافي المشهور ولد المترجم بمنية عفيف احدى قرى مصر ونشأ بها على صلاح وعفة ولما ترعرع قدم الى مصر فحضر على شيخ المالكية في عصره الشيخ سالم النفراوي اياما في مختصر الشيخ خليل واقبل على العبادة وقطن بالقاعة بالقرب من الازهر بجوار مدرسة السنانية وحج فلقي بمكة الشيخ ادريس اليماني فأجازه وعاد الى مصر وحضر دروس الحديث على الامام المحدث الشيخ احمد بن مصطفى الاسكندري الشهير بالصباغ ولازمه كثيرا حتى عرف به واجازه مولاي احمد التهامي حين ورد الى مصر بطريقة الاقطاب والاحزاب الشاذلية والسيد مصطفى البكري بالخلوتية ولما توفي شيخه الصباغ لازم السيد محمد البليدي في دروسه من ذلك تفسير البيضاوي بتمامه وروى عنه جملة من افاضل عصره كالشيخ محمد الصبان والسيد محمد مرتضى والشيخ محمد بن اسمعيل النفراوي وسمعوا عليه صحيح مسلم بالاشرفية وكان كثيرا لزيارة لمشاهد الاولياء متواضعا لا يرى لنفسه مقاما متحرزا في مأكله وملبسه لا ياكل الا ما يؤتى اليه من زرعه من بلده من العيش اليابس مع الدقة وكانت الامراء تأتي لزيارته ويشمئز منهم ويفر منهم في بعض الاحيان وكل من دخل عنده يقدم له ما تيسر من الزاد من خبزه الذي

كان يأكل منه وانتفع به المريدون وكثروا في البلاد ونجبوا ولم يزل يترقى في مدارج الوصول الى الحق حتى تعلل اياما بمنزله الذي بقصر الشوك وتوفي ودفن سيدي عبد الله المنوفي ونزل سيل عظيم وذلك في سنة 1178[1] فهدم القبور وعامت الاموات فانهدم قبره وامتلأ بالماء فاجتمع اولاده ومريدوه وبنوا له قبرا في العلوة على يمين تربة الشيخ المنوفي ونقلوه اليه قريبا من عمارة السلطان قايتباي وبنوا على قبره قبة معقودة وعملوا له مقصورة ومقاما من داخلها وعليه عمامة كبيرة وصيروه مزارا عظيما يقصد للزيارة ويختلط به الرجال والنساء ثم أنشأوا بجانبه قصرا عاليا عمره محمد كتخدا اباظة وسوروا له رحبة متسعة مثل الحوش لموقف الدواب من الخيل والحمير دثروا بها قبورا كثيرة بها كثير من اكابر الاولياء والعلماء والمحدثين وغيرهم من المسلمين والمسلمات ثم انهم ابتدعوا له موسما وعيدا في كل سنة يدعون اليه الناس من البلاد القبلية والبحرية فينصبون خياما كثيرة وصواوين ومطابخ وقهاوي ويجتمع العالم الاكبر من اخلاط الناس وخواصهم وعوامهم وفلاحي الارياف وارباب الملاهي والملاعب والغوازي والبغايا والقزادين والحواة فيملأون الصحراء

---

[1] الموافق عام 1765م

والبستان فيطأون القبور ويوقدون عليها النيران ويصبون عليها القاذورات ويبولون ويتغوطون ويزنون ويلوطون ويلعبون ويرقصون ويضربون بالطبول والزمور ليلا ونهارا ويستمر ذلك نحو عشرة ايام او اكثر ويجتمع لذلك ايضا الفقهاء والعلماء وينصبون لهم خياما ايضا ويقتدي بهم الاكابر من الامراء والتجار والعامة من غير انكار بل ويعتقدون ان ذلك قربة وعبادة ولو لم يكن كذلك لانكره العلماء فضلا عن كونهم بفعلونه فالله يتولى هدانا اجمعين

في رجب و شعبان[1] اخذ ينذر وكان قوة عمله وولد للسلطان مصطفى مولود في تلك السنة وورد الامر بالزينة في تلك الايام وهذا المولود هو السلطان سليم المتولي الآن[2]

ومات الامام الاديب الماهر المتفنن اعجوبة الزمان علي بن تاج الدين محمد ابن عبد المحسن بن محمد بن سالم القلعي الحنفي المكي ولد بمكة وتربى في حجر ابيه في غاية العز والسيادة والسعادة وقرأ عليه وعلى غيره من فضلاء مكة

---

[1] الموافق ربيع عام 1759م

[2] وهو السلطان سليم الثالث من مواليد عام 1759م وهو من السلاطين المصلحين داخل الدولة العثمانية لكن سبب هذه الإصلاحات إلى عزله في عام 1807م في عهده ظهرت الحملة الفرنسية عام 1798م ومن بعده انفصلت مصر فعلياً بثورة عام 1805م وكل هذا ضيق من مساحة الدولة العثمانية في عهده (محمد فريد : المرجع السابق ، ص 174-194).

واخذ عن الورادين اليها ومال الى فن الادب و غاص في بحره فاستخرج منه اللآلىء والجواهر وطارح الادباء في المحاضر فبان فضله وبهر برهانه ورحل الى الشام في سنة 1142[1] واجتمع بالشيخ عبد الغني النابلسي فاخذ عنه وتوجه الى الروم وعاد الى مكة وقدم الى مصر سنة ستين[2] ثم غاب عنها نحو عشر سنين ثم ورد عليها وحينئذ كمل شرحه على بديعيته وعلى بديعيتين لشيخه الشيخ عبد الغني وغيره ممن تقدم وهي عشر بديعيات وشرحه على بديعيته ثلاث مجلدات قرظ عليه غالب فضلاء مصر كالشبراوي والادكاوي والمرحومي ومن اهل الحجاز الشيخ ابراهيم المنوفي وكان للمترجم بالوزير المرحوم علي باشا ابن الحكيم التئام زائد لكونه له قوة يد ومعرفة في علم الرمل وكان في اول اجتماعه به في الروم اخبره بامور فوقعت كما ذكر فازداد عنده مهابة وقبولا ولما تولى المذكور ثاني توليته وهي سنة سبعين[3] قدم اليه من مكة من طريق البحر فاغدق عليه ما لا يوصف ونزل في منزل بالقرب من جامع ازبك بخط الصليبة وصار يركب في موكب حافل تقليدا للوزير ورتب في بيته كتخدا وخازندار والمصرف

---

[1] الموافق عام 1730م
[2] الموافق عام 1748م
[3] الموافق عام 1757م

والحاجب على عادة الامراء وكان فيه الكرم المفرط والحياء والمروءة وسعة الصدر في اجازة الوافدين مالا وشعرا ومدحه شعراء عصره بمدائح جليلة منهم الشيخ عبد الله الادكاوي له فيه عدة قصائد وجوزي بجوائز سنية ولما عزل مخدومه توجه معه الى الروم فلما ولى الختام ثانيا زاد المترجم عنده ابهة حتى صار في سدة السلطنة احد الاعيان المشار اليهم واتخذ دارا واسعة فيها اربعون قصرا ووضع في كل قصر جارية بلوازمها ولما عزل الوزير ونفي الى احدى مدن الروم سلب المترجم جميع ما كان بيده ونفي الى الاسكندرية فمكث هناك حتى مات شهيدا غريبا ولم يخلف بعده مثله وله ديوان شعر ورسائل منها تكميل الفضل بعلم الرمل ومتن البديعية سماه الفرج في مدح عالي الدرج اقترح فيها بانواع منها وسع الاطلاع والتطريز والرث والاعتراف والعود والتعجيب والترهيب والتعريض وامثلة ذلك كله موضحة في شرحه على البديعية ولما تغيرت دولة مخدومه وتغير وجه الزمان عاد روض انسه ذابل الافنان ذا احزان واشجان لم يطب له المكان ودخل اسم عزه في خبر كان وتوفي في نحو هذا التاريخ

## ثم دخلت سنة 1173هـ[1]

لما قتل حسين بك القازدغلي المعروف بالصابونجي وتعين في الرياسة بعده علي بك الكبير واحضر خشداشينه المنفيين واستقر امرهم وتقلد امارة الحج فبيت مع سليمان بك الشابوري وحسن كتخدا الشعراوي وخليل جاويش حيضان مصلي واحمد جاويش المجنون واتفق معهم على قتل عبد الرحمن كتخدا في غيبته واقام عوضه في مشيخة البلد خليل بك الدفتردار[2] فلما سافر استشعر عبد الرحمن كتخدا بذلك فشرع في نفي الجماعة المذكورين فاغرى بهم على ذلك بلوط قبن فنفى خليل جاويش حيضان مصلي واحمد جاويش الى الحجاز من طريق السويس على البحر ونفى حسن كتخدا الشعراوي وسليمان بك الشابوري مملوك خشداشه الى فارسكور فلما وصل علي بك وهو راجع بالحج الى العقبة وصل اليه الخبر فكتم ذلك وامر بعمل شنك يوهم من معه بان الهجان اتاه بخبر سار ولم يزل سائرا الى ان وصل الى قلعة نخل فانحاز الى القلعة وجمع الدويدار وكتخدا الحج والسدادرة

---

[1] تعادل عام 1760م

[2] أراد علي بك الكبير أن يضرب عبد الرحمن جاويش القازدغلي بخليل بك الدفتردار لذلك قبل تخليه عن منصب شياخة البلد عام 1760م وفيما يبدو شعوره صحيح لأن عبد الرحمن جاويش القازدغلي عرف المخطط

وسلمهم الحجاج والمحمل وركب في خاصته وسار الى غزة وسار الحجاج من غير امير الى ان وصلوا الى أجرود فأقبل عليهم حسين بك كشكش ومن معه يريد قتل علي بك فلم يجده فحضر بالحجاج ودخل بالمحمل الى مصر واستمر علي بك بغزة نحو ثلاثة شهر واكثر وكاتب الدولة بواسطة باشة الشام فارسلوا اليه واحدا اغا وو عدوه ومنوه وتحيلوا عليه حتى استقصوا ما معه من المال والاقمشة وغير ذلك ثم حضر الى مصر بسعاية نسيبه علي كتخدا الخربطلي واغرااضه ومات بعد وصوله الى مصر بثمانية ايام يقال ان بعض خشداشينه شغله بالسم حين كان يطوف عليهم للسلام

ومات الشيخ النبيه الصالح علي بن خضر بن احمد العمروسي المالكي اخذ عن السيد محمد السلموني والشهاب النفراوي والشيخ محمد الزرقاني ودرس بالجامع الازهر وانتفع به الطلبة واختصر المختصر الخليلي في نحو الرابع ثم شرحه وكان انسانا حسنا منجمعا عن الناس مقبلا على شأنه

ومات افضل النبلاء وانبل الفضلاء بلبل دوحة الفصاحة وغريدها من انحازت له بدائعها طريفها وتليدها الماجد الاكرم مصطفى اسعد اللقيمي الدمياطي وهو احد الاخوة الاربعة وهم عمر ومحمد وعثمان والمترجم اولاد المرحوم احمد بن محمد

بن احمد بن صلاح الدين اللقيمي الدمياطي الشافعي سبط العنبوسي وكلهم شعراء بلغاء

ومات اديب الزمان وشاعر العصر والاوان العلامة الفاضل شمس الدين الشيخ محمد سعيد بن محمد الحنفي الدمشقي الشهير بالسمان ورد الى مصر في سنة 1144[1] فطارح الادباء وزاحم بمناكبه الفضلاء ثم عاد الى وطنه وورد الى مصر ايضا في سنة 1172[2] وكان ذا حافظة وبراعة وحسن عشرة وصار بينه وبين الشيخ عبد الله الادكاوي محاضرات ومطارحات وذكره في مجموعته واثنى عليه واورد له من شعره كثيرا ثم توجه الى الشام وقد وافاه الحمام ودفن بالصالحية

ومات الشيخ الصالح الشاعر اللبيب الناظم الناثر الشيخ عامر الانبوطي الشافعي شاعر مفلق هجاء لهيب شراره محرق كان يأتي من بلده يزور العلماء والاعيان وكلما راى لشاعر قصيدة سائرة قلبها وزنا وقافية الى الهزل والطبيخ فكانوا يتحامون عن ذلك وكان الشيخ الشبراوي يكرمه ويكسبه ويقول له يا شيخ عامر لا تزفر قصيدتي الفلانية وهذه جائزتك ومن بعده الشيخ الحفني كان يكرمه ويغدق عليه ويستأنس لكلامه وكان شيخا مسنا صلحا مكحل العينين دائما عجيبا في هيئته

---

[1] الموافق عام 1732م

[2] الموافق عام 1759م

**ومـن نظمـه الفيـة الطعـام علـى وزن الفيـة ابـن مالـك واولـهـا**

**يقول عامر هو الانبوطي  احمد ربي لست بالقنوطي**

www.ingramcontent.com/pod-product-compliance
Ingram Content Group UK Ltd.
Pitfield, Milton Keynes, MK11 3LW, UK
UKHW041836200726
13854UKWH00003BA/1161

9 781365 736421